Daniel Schwenger

e-government

I0009929

GRIN - Verlag für akademische Texte

Der GRIN Verlag mit Sitz in München hat sich seit der Gründung im Jahr 1998 auf die Veröffentlichung akademischer Texte spezialisiert.

Die Verlagswebseite www.grin.com ist für Studenten, Hochschullehrer und andere Akademiker die ideale Plattform, ihre Fachtexte, Studienarbeiten, Abschlussarbeiten oder Dissertationen einem breiten Publikum zu präsentieren.

Dokument Nr. V27550 aus dem GRIN Verlagsprogramm

Daniel Schwenger

e-government

GRIN Verlag

Bibliografische Information der Deutschen Nationalbibliothek: Die Deutsche Bibliothek
verzeichnet diese Publikation in der Deutschen Nationalbibliografie; detaillierte bibliografische Daten sind im Internet über http://dnb.d-nb.de/ abrufbar.

1. Auflage 2003
Copyright © 2003 GRIN Verlag
http://www.grin.com/
Druck und Bindung: Books on Demand GmbH, Norderstedt Germany
ISBN 978-3-638-88632-1

KATHOLISCHE UNIVERSITÄT EICHSTÄTT-INGOLSTADT
WIRTSCHAFTSWISSENSCHAFTLICHE FAKULTÄT
LEHRSTUHL FÜR ABWL UND
WIRTSCHAFTSINFORMATIK

e-Government

Seminararbeit im Sommersemester 2003

Eingereicht von:

Daniel Schwenger

INHALTSVERZEICHNIS

INHALTSVERZEICHNIS I

ABBILDUNGSVERZEICHNIS II

ABKÜRZUNGSVERZEICHNIS.. III

1   EINLEITUNG 1

   1.1   Problemstellung und Zielsetzung 1

   1.2   Gang der Untersuchung 1

2   GRUNDLAGEN ÖFFENTLICHER VERWALTUNG........................... 2

   2.1   Grundsätzliches, Ziele und Aufgaben 2

   2.2   Öffentliche Leistungen 3

3   ÖFFENTLICHE LEISTUNGEN ÜBER DAS INTERNET........................ 4

   3.1   Definition und Abgrenzung: e-Government 4

   3.2   Bestandsaufnahme und Potential................................. 7

4   DISTRIBUTION AUSGEWÄHLTER LEISTUNGEN 8

   4.1   Government to Citizen (G2C)....................................... 8

   4.2   Government to Business (G2B) 9

   4.3   Government to Government (G2G)............................... 10

   4.4   Überblick 11

5   ERSTELLUNGSPROZESS UND ANFORDERUNGEN 12

   5.1   Digitalisierungsprozess von Verwaltungsleistungen....................... 12

   5.2   Technische Anforderungen 13

   5.3   Anforderungen an die Präsentation.............................. 14

   5.4   Rechtliche und Sicherheitsanforderungen 15

6   ERFOLGSFAKTOREN 17

   6.1   Kompatibilität und einheitliche Umsetzung 17

   6.2   Change Management 18

   6.3   Attraktivität der Angebote 19

7   INTERNATIONALER VERGLEICH 20

8   ZUSAMMENFASSUNG UND AUSBLICK....................................... 21

LITERATURVERZEICHNIS V

ABBILDUNGSVERZEICHNIS

Abbildung 1: Leistungen öffentlicher Institutionen................................. 3

Abbildung 2: e-Government-Beziehungen in der BRD 5

Abbildung 3: Interaktionen im e-Government...................................... 6

Abbildung 4: Ausgewählte e-Government-Leistungen von „BundOnline 2005".......... 8

Abbildung 5: e-Government-Leistungen im Überblick 11

Abbildung 6: Lebenslagenkonzept am Beispiel von www.baynet.de.......................15

Abbildung 7: Attraktivität ausgewählter e-Government Leistungen........................19

ABKÜRZUNGSVERZEICHNIS

ASCII	American Standard Code for Information Interchange
B2C	Business to Consumer
B2B	Business to Business
B2G	Business to Government
BA	Bundesanstalt für Arbeit
BaföG	Bundesausbildungsförderungsgesetz
BeschA	Beschaffungsamt
BfA	Bundesversicherungsanstalt für Angestellte
BGB	Bürgerliches Gesetzbuch
Bitkom	Bundesverband Informationswirtschaft, Telekommunikation und Neue Medien e.V.
BZgA	Bundeszentrale für gesundheitliche Aufklärung
BZV	Bundeszollverwaltung
bit	binary digit
BMF	Bundesministerium für Finanzen
BMI	Bundesministerium des Innern
BMWI	Bundesministerium für Wirtschaft und Technologie
BRD	Bundesrepublik Deutschland
BZR	Bundeszentralregister
CD	Compact Disc
CEBIT	Messe für Informations- und Kommunikationstechnologie
CGI	Common Gateway Interface
CRM	Customer Relationship Mangement
CitRM	Citizen Relationship Management
EDV	Elektronische Datenverarbeitung
EU	Europäische Union
GIF	Grafics Interchange Format

GG	Grundgesetz
HTML	Hypertext Markup Language
HTTP	Hypertext Transfer Protocol
HTTPS	Secure Hypertext Transfer Protocol
ID	Kurzform für Identity
IT	Informationstechnologie
JPEG	Joint Picture Experts Group
KBA	Kraftfahrzeugbundesamt
MPEG	Moving Picture Experts Group
PC	Personal Computer
PDA	Personal Digital Assistant
PDF	Portable Document Format
SAGA	Standards und Architekturen in e-Government Anwendungen
SigG	Signaturgesetz
SSL	Secure Socket Layer
STBA	Statistisches Bundesamt
URL	Uniform Resource Locator
www	World Wide Web
XML	extensible Markup Language

„Die öffentliche Verwaltung kann wahrscheinlich
mehr als jede andere Organisation von der Effizienz
und dem verbesserten Service profitieren, der durch
den Gebrauch digitaler Prozesse entsteht."

Bill Gates[1]

1 Einleitung

1.1 Problemstellung und Zielsetzung

„Digitales Rathaus", „e-Democracy", „Bund Online 2005": Im Rahmen tiefgreifender Veränderungsprozesse der Informations- und Kommunikationstechnik prägen solche Begriffe nun auch das Gesprächsthema um die Modernisierung der öffentlichen Verwaltung.

Vor allem hinsichtlich der Internet-Technologie, die sowie billige, als auch orts- und zeitunabhängige Transaktionen ermöglicht, wachsen die Anforderungen an den Staat. Forderungen beinhalten den Wunsch nach verbesserter Servicequalität und einer effizienteren Bereitstellung öffentlicher Dienstleistungen. Daneben könnte eine leichtere Partizipation der Bürger an den demokratischen Entscheidungsprozessen ermöglicht werden. Nicht zuletzt zwingt chronische Finanzknappheit den öffentlichen Sektor zu Kosteneinsparungen.[2]

Deshalb ruhen besonders auf dem e-Government große Hoffnungen: Durch eine elektronische Verwaltung der Behörden untereinander, mit den Unternehmen und den Bürgern soll die Effizienz gesteigert, die Modernisierung vorangetrieben und der Wirtschaftsstandort Deutschland attraktiver gemacht werden (Booz Allen Hamilton 2002, S. 15).

1.2 Gang der Untersuchung

Die vorliegende Arbeit soll aus der deutschen Perspektive einen Überblick über elektronische Distributionsmöglichkeiten von Verwaltungsleistungen geben.

Nachdem kurz die Grundlagen, Aufgaben und Ziele der öffentlichen Verwaltungsarbeit identifiziert wurden soll der Begriff des e-Government definiert und ein grober Überblick über den Implementierungsstand gegeben werden. Danach sollen konkrete Mög-

---

[1] Gates, B. (1999), S. 377.
[2] Ramthun, Christian et al. (2002): „Der öffentliche Dienst ist unter dem Diktat der leeren Kassen so massiv unter Beschuss geraten, wie noch nie" dennoch „...von flächendeckend schlanken Strukturen und höherer Effizienz ist der öffentliche Dienst noch weit entfernt".

lichkeiten der elektronischen Distribution anhand der bedeutenden Zielgruppen dargestellt werden. Der nächste Teil soll aus der Entwicklungsperspektive heraus den Erstellungsprozess sowie die Anforderungen an die Anwendungen und Systeme beleuchten.
Nachfolgend wird aus der Sicht interner und externer Benutzer auf die Erfolgsfaktoren
eingegangen. Im letzten Teil rundet ein internationaler Vergleich die Thematik ab und
zeigt weitere Entwicklungsperspektiven auf.

2 Grundlagen öffentlicher Verwaltung

Öffentliche Verwaltung ist die „Tätigkeit des Staates, die nicht Gesetzgebung oder
Justiz ist..." (Mayer 1924, S. 7, zitiert nach Herweg 2001, S. 9) und eine Leistungsein-
heit, „... die nach Maßgabe staatlicher Zielvorgaben überwiegend kollektiven Fremd-
bedarf deckt, indem sie öffentliche Leistungen herstellt und überwiegend unentgeltlich
absetzt..." (Reichard 1987, S. 16, zitiert nach Herweg 2001, S. 9).

2.1 Grundsätzliches, Ziele und Aufgaben

Aufgrund der föderativen Ausgestaltung der Bundesrepublik Deutschland weist der
Verwaltungsapparat einen stark dezentralen Charakter auf. Demnach wird die Verwaltung von den Bundesländern ausgeführt, während dem Bund nur eine Kontrollauf-
sicht zukommt. Dies kann sich, wie im weiteren Verlauf der Arbeit gezeigt wird, auf
die Implementierung von e-Government-Lösungen auswirken.

Öffentliche Ziele erwachsen aus den eher allgemein gehaltenen Staatszielen, welche
im Grundgesetz festgeschrieben sind.[3] Aus ihnen leiten sich konkrete öffentliche Aufgaben und Leistungen ab, die von Verwaltungen des Bundes, der Länder und der
Kommunen wahrgenommen werden.

Nur wenige Verwaltungsbereiche sind dem Bund als eigene Angelegenheit zugewiesen.
Die bundeseigene Verwaltung besteht aus oberen Bundesbehörden (Bundespräsidi-
alamt oder Bundesministerien), den Bundesmittelbehörden (Oberfinanzdirektionen,
Wehrbereichsverwaltungen) sowie den unteren Bundesbehörden (Grenzschutz- oder
Zollämter). Eine Verwaltung seitens der Länder im Bundesauftrag geschieht nur auf
Gebieten wie der Finanzverwaltung für Bundessteuern (Arndt/Rudolf 1992, S. 81-83).

---

[3] Vgl. o.V. (2003e): Staatsziele sind Sozialstaatlichkeit (Art. 20, Abs. 1 GG), Umweltschutz (Art. 20a GG),
Förderung des gesamtwirtschaftlichen Gleichgewichts (Art. 109, Abs.2 GG) oder supranationale Öff-
nung/Friedensstaatlichkeit (Art. 24, Abs. 1 GG).

Der Aufbau der Länderverwaltungen richtet sich nach Landesgesetzen und gliedert sich meistens in eine Landesverwaltung mit den nach Fachressorts gegliederten Mi-nisterien. Auf den darunter liegenden Ebenen kann in Land-, Kreis- und Gemein-deverwaltung unterschieden werden. Dabei liegt der Schwerpunkt der Verwaltungstä-tigkeit bei den Kommunen. Sie sind mit einem Gesamtanteil von 80 % die Hauptträger und Kernproduzenten der öffentlichen Leistungen (Herwig 2001, S.20).

2.2 Öffentliche Leistungen

Öffentliche Leistungen sind Maßnahmen zur Erfüllung der öffentlichen Aufgaben. Diese werden unterschieden in Nominalleistungen (Kindergeld, Rente), Sachleistungen (So-zialhilfe) und Dienstleistungen (Arbeitsamt, Schule, Verwaltung), wie in Abbildung 2 dargestellt wird. Zu den Dienstleistungen werden die Bereitstellung von Sachnutzun-gen, persönliche Dienste und Nachrichten gezählt (Herwig 2001, S. 34).

Aufgrund gesetzlicher Regelungen verfügt der Staat bei den Leistungen über eine hoheitliche Stellung. Eine Konkurrenzsituation mit anderen Anbietern besteht nicht. Ebenso herrschen für die Erbringung (Distribution) der öffentlichen Leistungen spezie-le Eigenschaften: Bei den Leistungen besteht eine Erbringungspflicht seitens der öf-fentlichen Verwaltung (Ausstellung von Ausweispapieren) oder eine Verpflichtung zur Inanspruchnahme von Bürgerseite (Abwasseranschluss). Öffentliche Institutionen sind grundsätzlich allen privaten und juristischen Personen zur Leistung verpflichtet. Diese Leistungen werden entweder indirekt durch Steuern finanziert oder durch Beiträge und Gebühren. Der Großteil öffentlicher Leistungen ist immateriell und hat Dienstleistungs-charakter (Herweg 2001, S. 24-27).

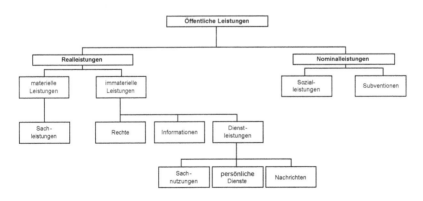

Abbildung 1: Leistungen öffentlicher Institutionen
Quelle: Herwig 2001, S.41.

In Abbildung 1 werden alle öffentlichen Dienstleistungen im Überblick dargestellt. Zwingende Voraussetzung für die Distribution der Verwaltungsleistungen über das Internet ist deren Digitalisierbarkeit. Demnach sind **Rechte, Nominalgüterdienstleistungen, Informationsdienstleistungen** und **Informationen** für den elektronischen Vertrieb geeignet. Dienstleistungen, wie Lehrtätigkeiten oder technische Beratungs- und Hilfeleistungen, welche direkt an lebenden oder sachlichen Objekten erbracht werden müssen, können nicht digitalisiert werden und kommen nicht für eine elektronische Leistungserstellung in Betracht. Nur in Einzelfällen könnte über den Einsatz von materiellen Trägermedien, wie Lernprogrammen auf CDs oder durch Online-Dialoge, Abhilfe geschaffen werden (Herweg 2001, S. 53-54).

3 Öffentliche Leistungen über das Internet

Am 30. April 1993 wurde der einheitliche „www"-Standard des Internets freigegeben. In bisher ungekannter Geschwindigkeit setzten sich Technologie und Medium weltweit durch (Frewel 2003). Mittlerweile hat jeder zweite Einwohner in Deutschland über den PC Zugang zum Datennetz (Pauckert 2003, S. „WR1"), und auch weltweit steigt die Zahl der Internetbenutzer steil an. Die Vorteile des Internets liegen im kostengünstigen und interaktiven Austausch, der nicht simultan erfolgen muss (Herweg 2001, S. 51). Darüber hinaus sind die Seiten nicht ortsgebunden und über Ländergrenzen hinaus abrufbar. Die bereitgestellten Inhalte können nahezu unbegrenzt miteinander verknüpft werden, womit sich komplexe Zusammenhänge und Abläufe darstellen lassen (Herweg 2001, S. 51). Internet ist multimedial: Es verbindet statische Bilder und Texte mit dynamischen Elementen wie Audio oder Video (Frewel 2003 und Herweg 2001, S.52).

3.1 Definition und Abgrenzung: e-Government

Unter Einfluss der Informations- und Kommunikationstechnologie wandelt sich die gegenwärtige Gesellschaft immer mehr zur Informationsgesellschaft. Unternehmensstrukturen und Betriebsprozesse sind durch einen stärkeren internationalen Wettbewerbs- sowie Kostendruck einem radikalen Wandel unterworfen. Ebenso wachsen die Ansprüche an einen modernen Staat mit höherer Leistung, Kosteneffizienz, Entscheidungseffizienz, Prozesstransparenz und zeitgerechten Partizipationsmöglichkeiten (Epinay 2002, S. 19-20): „Der Staat wird unternehmerisch denken und sich zukünftig als Dienstleister verstehen. In diesem Sinne brauchen wir ein Customer Relationship Magement (CRM), um die Anliegen der Bürger und der Unternehmen kundenorientiert zu bearbeiten" (Epinay 2002, S. 59).

Dabei sollen die Verwaltungsprozesse digitalisiert und ein umfassendes Leistungsangebot über das Internet angeboten werden. Nach dem so genannten Multikanal-Ansatz kommen als Übertragungsmedien neben dem Internet ebenso digitales Fernsehen, Terminals oder Call-Center in Betracht. „Electronic Governent bedeutet die ganzheitliche Sicht der Geschäftsprozesse bzw. Vorgänge, der Kommunikationsbeziehungen und der Informationsressourcen" (Traunmüller/Lenk 2000, S. 70) und dies „in Regierung und Verwaltung mit dem primären Ziel die Servicequaltiät für Bürger und Wirtschaft zu erhöhen" (Booz Allen Hamilton 2002, S. 20).

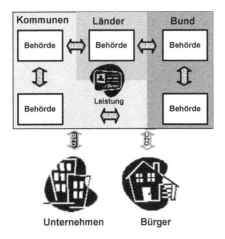

Abbildung 2: e-Government-Beziehungen in der BRD
Quelle: In Anlehnung an o.V. 2003a, S.21.

Abbildung 2 stellt das Beziehungsgeflecht zwischen Verwaltung, Bürgern und Wirtschaft im e-Government dar. In Anlehnung an die Einteilung im e-Business (B2C, B2B, B2G) wird ebenso im e-Governement verfahren. Es wird zwischen den folgenden drei Modellen unterschieden: „G2C" bezeichnet Beziehungen von der Verwaltung an Privatbürger **(Government to Citizen)**, „G2B" richtet sich an Unternehmen **(Government to Business)** und „G2G"-Beziehungen bezeichnen die gegenseitige Leistungserstellung der Behörden untereinander **(Government to Government)**. [4]

Meist beginnen die Vorgänge im G2C- oder G2B-Bereich und werden dann im G2G-Bereich weitergereicht. So wird z.B. ein Passantrag nach der von mehreren Verwaltungsstellen bearbeitet. Gleich, ob es sich um G2C-, G2B- oder G2G-Beziehungen handelt, lassen sich bei den Anwendungen drei grundsätzliche Interaktionsarten un-

---

[4] Vgl. Epinay (2002), S. 37: Eine weitere Beziehung stellt G2E – „Government to Employee" dar. Sie wird als internes e-Government bezeichnet, hier aber nicht weiter thematisiert.

terscheiden, die in Abbildung 3 dargestellt werden: **Informationen** umfassen alle orts- und zeitunabhängigen, einseitigen Beziehungen, bei denen sich Bürger, Unternehmen oder Behörden über bestimmte Sachverhalte informieren (Epinay 2002, S. 40). Sie werden einseitig bereitgestellt. Dies umfasst beispielsweise nähere Bürgerauskünfte des Einwohnermeldeamts über notwendige Unterlagen für die Beantragung eines Reisepasses oder Angaben der Kommune über Investitionszuschüsse für Unternehmen. Bei der **Kommunikation** (oder „Interaktion") findet ein beidseitiger Informationsaustausch statt, wie bei einer e-Mail-Korrespondenz. Bei einer **Transaktion** kommt es, ähnlich wie beim e-Commerce, zu einer Art Vertragsabschluss zwischen den Aktoren (Booz Allen Hamilton 2002, S. 24-25). Beispielsweise nimmt ein Unternehmen online einer öffentlichen Ausschreibung teil oder ein Bürger beantragt online seinen neuen Reisepass. Dessen Daten werden dann in einer weiteren internen Transaktion vom Einwohnermeldeamt an die Bundesdruckerei weitergegeben.

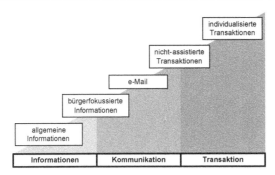

Abbildung 3: Interaktionen im e-Government
Quelle: Epinay 2002, S. 40

Mit e-Government ist folglich „mehr als die Präsentation des Bürgermeisteramts im Internet" (Rohleder 2003, S. 18) gemeint. Daneben kann es in die drei Anwendungsbereiche, nämlich e-Assistance, e-Administration und e-Democracy, eingeteilt werden.

Unter **e-Assistance** versteht man das Bereitstellen von allgemeinen Informationen, wie Öffnungszeiten, Ortsplänen oder Werbung in eigener Sache (Fremdenverkehr). Bei der **e-Administration** geht es um die Kernprozesse der amtlichen Verwaltung, wie die Ummeldung des Wohnorts, Beantragung von Papieren oder die Online-Steuererklärung. Unter **e-Democracy** versteht man die aktive Partizipation der Bürger am demokratischen Entscheidungsprozess (Epinay 2002, S. 38).

3.2 Bestandsaufnahme und Potential

Die meisten Regierungen in Westeuropa sind bereits mit einem umfassenden Informationsangebot im Internet vertreten. In Deutschland gehört es heute für Länder und Kommunen „zum guten Ton, im Internet präsent zu sein" (Booz Allen Hamilton 2002, S. 25). Ende 2000 beschloss die Bundesregierung die Initiative „BundOnline 2005", wonach bis 2005 alle internetfähigen Dienstleistungen der Bundesverwaltung in den drei Hauptbereichen (G2G, G2B und G2C) online anzubieten sind. Mehr als 100 Einzelbehörden und Behördenbereiche der Bundesverwaltung sind an dem Projekt beteiligt. Vom Bund werden 1,65 Milliarden Euro investiert, mit denen umgekehrt jährlich 400 Millionen Euro eingespart werden sollen. Für die kommunale Ebene wird dabei mit Folgeinvestitionen im Rahmen von sechs bis 8,5 Milliarden Euro ausgegangen (Schaffarczyk 2003, S. 34).

Großes Potential sieht auch die IT-Industrie: „E-Government hat das Zeug zum Konjunkturmotor" (Bitkom-Präsident Jung zitiert nach Schaffarczyk 2003, S. 34). Bis 2008 wird solchen Anwendungen ein Anstieg um 87 % prognostiziert (Schaffarczyk 2003, S. 34). Anbieter von Unternehmenssoftware rüsten sich bereits für den Boom. Jedoch bieten erst wenige Anbieter, darunter SAP (2003g, S. 99), spezielle Lösungen für den öffentlichen Bereich an.

Die Anwendungen, die der Bürger sieht, stellen aber nur einen kleinen Teil der Verwaltungsarbeit dar. Die eigentliche Mühe machen die Vernetzung großer und kleiner Rechner, die Integration unterschiedlichster Software und Hunderte von länder-, kreis- und kommunenspezifischen Verwaltungsvorschriften (Müller, Bernd 2001). Ebenso wirkt der Föderalismus hemmend, erzeugt „ein schwer durchschaubares Kompetenzgeflecht" und erschwert die Standardisierung vieler Verwaltungsprozesse sowie die Einrichtung eines einheitlichen Gesamtkonzepts (Schaffarczyk 2003, S. 34).

Nach der Planung des Bundes sollen erfolgreiche Modellprojekte Vorbild- und Benchmark-Funktion für spätere Landes- und Kommunalplattformen darstellen. Zur einheitlichen Implentierung der e-Government-Anwendungen des Bundes dient der Umsetzungsplan „Standards und Architekturen in e-Government Anwendungen" (SAGA) seit Anfang 2003. Ständig aktualisiert und erweitert enthält er verpflichtende Normen und Standards, die als Rahmen für die Architekturen einzelner e-Government Anwendungen dienen. Ebenso zählen eine einheitliche Prozess- und Datenmodellierung sowie die Entwicklung von Basiskomponenten zu den Hauptaufgaben des Standardkatalogs (o.V. 2003a, S. 33.).

Ausgewählte e-Government-Leistungen des Bundes sind in Abbildung 4 dargestellt. Hauptziele ist es, eine einheitliche Bedienlogik ("look and feel"),eine Skalierbarkeit und

einen reibungslosen Informationsfluss zwischen den Informations- und Kommunikationssystemen zu erreichen. Für „BundOnline 2005" liegt die übergreifende Vorschlagshoheit der Standards beim Bundesinnenministerium, das sich auf die Foren rund um die SAGA-Autoren und eine Expertenkommission aus Industrie- und Behördenvertretern stützt. Die Prozess- und Datenmodellierung erfolgt aus den einzelnen e-Governement-Projekten innerhalb der Behörden, wobei Modelle von übergeordneter Bedeutung vom Bundesverwaltungsamt vorgegeben werden. Die vom Bund vorgegebenen SAGA-Standards sind obligatorisch. Nicht kompatible Prozesse sollen anhand von Migrationsplänen nach und nach umgestellt werden. Sonst werden sie nicht aus den Bundesmitteln gefördert, nicht an die Schnittstellen der Behörden angebunden und nicht in das Portal www.bund.de bzw. www.deutschland.de integriert (o.V. 2001a, S. 15-18).

G2C Government to Citizen	G2G Government to Government	G2B Government to Business
• BA: Vermittlung von Arbeitsplätzen/ Gewährung von Geldleistungen/ Durchführung von Beratungen • BfA: Rechnung und Gewährung von Renten/ Einzug von Rentenversicherungsbeiträgen • BMA: Bereitstellung von Informationen • BZgA: Bereitstellung von Fachinformationen zur Gesundheitlichen Aufklärung	• BA: Vermittlung von Arbeitsplätzen/ Bereitstellung von Informationen • KBA: Führen zentraler Verkehrs- und Fahrzeugregister • BeschA: Durchführung von Beschaffungen • BZV: Zollbehandlungen Aus- und Einfuhr • StBA: Durchführung zentraler Statistiken • BMWi: Abwicklung von Förderprogrammen	• BeschA: Beschaffungen • BMF: Bewirtschaftung der Immobilien des Bundes • StBA: Durchführung zentraler Statistiken • BZR: Führen des Bundeszentralregisters

Abbildung 4: Ausgewählte e-Government-Leistungen von „BundOnline 2005"
Quelle: In Anlehnung an o.V. 2003a, S. 10.

4 Distribution ausgewählter Leistungen

4.1 Government to Citizen (G2C)

Government-to-Citizen–Beziehungen stellen Geschäftsprozesse zwischen Behörden und Bürgern dar. In den Anwendungsbereichen e-Assistance und e-Administration umfasst dies die Bereitstellung von Informationen über Öffnungszeiten und Ansprechpartner der jeweiligen Behörden bis zur Interaktion über e-Mail. Bisherige e-Government-Lösungen decken größtenteils dieses Leistungsportfolio ab. Zukünftig ergeben sich gerade im G2C-Segment hohe Nutzungsraten und Einsparmöglichkeiten aus den Transaktionsbeziehungen: Sie schaffen in der Verwaltung Vorteile durch Be-

schleunigung der Arbeit und Reduzierung der Fehlerrate. Wie die Online-Abgabe der Steuererklärung können aufwendige Transaktionen aber erst bei einer technisch fortgeschrittenen Infrastruktur (digitale Signatur) voll über Internet zugänglich gemacht werden. Einfache Kommunikationsvorgänge werden dagegen bereits größtenteils online vorgenommen, wie die Adressänderung, durch das Einwohnermeldeamt der Stadt Ingolstadt (o.V. 2003h).

Auch mit einfachen Informationen und Interaktionen kann bereits hoher Nutzen erzielt werden: Bürger sparen sich den ersten Amtsweg. Das e-Government bietet so besonders für den ländlichen Raum mit schwacher Infrastruktur und langen Wegen neue Möglichkeiten. Ebenso kann die Verwaltung durch e-Mail-Kommunikation Zeit sparen. Eine Initiative kann sowohl vom Bürger ausgehen (Anfrage), als auch von der Behörde: Mit einer e-Mail kann die Behörde den Bürger daran erinnern, dass sein Reisepass bald verlängert werden muss (Booz Allen Hamilton 2002, S. 93).

Im Idealzustand bedeutet G2C: „Bequemer Zugang zu Formularen, Ämterinformationen und Anträgen rund um die Uhr an sieben Tagen die Woche sowie maßgeschneiderte Angebote" (Bauer 2002, S. 13). Beim e-Government der nächsten Generation können erste Anwendungen der e-Democracy eine stärkere Einbindung der Bürger in den politischen Willensbildungsprozess ermöglichen. Gesetzesvorhaben werden über das Internet einer breiten Öffentlichkeit vorgestellt, die Bürger können in Foren dazu Stellung beziehen und möglicherweise online an Wahlen und Volksabstimmungen teilnehmen. Hinsichtlich des zu erbringenden Aufwands und der Seltenheit von Wahlen (zwei bis vier Jahre) wird der Zusatznutzen solcher Anwendungen in der Verwaltung derzeit noch als gering eingeschätzt (Lenz 2001, S. 62).

4.2 Government to Business (G2B)

Der Bereich G2B beschreibt die Geschäftsprozesse zwischen Behörden und Unternehmen im e-Government. Dieser Bereich sollte für jede Behörde einen hohen Stellenwert einnehmen (Lenz 2001, S. 56). Zum einen, weil die Nutzung des Internets dort besonders hoch oder sogar in den Betriebsprozess integriert ist (e-Business). Zum anderen, weil Unternehmen eine höhere Anzahl an Verwaltungskontakten aufweisen als Privatpersonen, mit durchschnittlich 1,5 Verwaltungskontakten pro Jahr. Daraus ergibt sich entscheidendes Kosteneinsparungspotential, das für beide Seiten attraktiv ist und auch einen wirtschaftlichen Standortfaktor darstellt (Lenz 2001, S. 56).

Ebenso wie im G2C-Bereich sind auch hier einfache Informationsanwendungen von großer Bedeutung: Beispielsweise kann sich ein ausländisches Unternehmen per Call Center über eine Stadt als potenziellen Investitionsstandort informieren oder ein in-

ländischer Unternehmer via Internet Auskünfte über Fördergelder einholen (Booz Allen Hamilton 2003, S.21).

Größtes Potenzial wird dem staatlichen Einkauf und der Ausschreibung von öffentlichen Aufträgen, den Vorgängen des e-Procurement und e-Sourcing, zugerechnet. So erteilen jedes Jahr 30.000 öffentliche Auftraggeber mehr als eine Million Aufträge mit einem Gesamtvolumen von rund 250 Milliarden Euro. Hierzu schätzte der Bundesverband für Materialwirtschaft und Logistik, dass 25 Milliarden Euro durch zu hohe Einkaufspreise verschwendet werden. Ebenso fand eine Untersuchung über die Vergabepraxis in Krankenhäusern heraus, dass lediglich 16 % der Aufträge öffentlich ausgeschrieben werden, weil der Verwaltungsaufwand im Verhältnis zur Anzahl der Bieter als zu aufwendig angesehen wird (Lenz 2001, S. 57).

Werden Beschaffungen über das Internet koordiniert, lassen sich Bearbeitungs- und Übermittlungszeiten einsparen. So wurde das in Papierform erscheinende Bundesausschreibungsblatt als Such- und Ausschreibungsplattform „online" gestellt und ermöglicht nun einen schnellen Überblick und eine einfache Angebotserstellung. Besonders hohe Einspareffekte werden durch die Übertragung erfolgreicher Konzepte der Privatwirtschaft, wie Online-Auktionen und Online-Marktplätze, erwartet. Letztere ermöglichen eine hohe Transparenz und ein breites Angebot zugunsten eines schnellen Preisvergleichs. Schreiben die öffentlichen Stellen einen in der Qualität fest definierten Auftrag über ein Auktionssystem, der „Reverse Auction", aus, so müssen sich Anbieter gegenseitig unterbieten, um den Auftrag zu erhalten (Lenz, S. 59-60).

4.3 Government to Government (G2G)

G2G-Prozesse werden zwischen zwei Verwaltungsstellen ausgeführt. Sie entstehen meist aus G2C- sowie G2B-Prozessen und besitzen damit eine Schlüsselposition. Eine EDV-Unterstützung der Verwaltungsprozesse gibt es in der BRD schon seit den sechziger Jahren. Beim e-Government ermöglicht das Internet einen umfassenden Datenaustausch innerhalb und außerhalb der Behörde. Verwaltungsprozesse können auf mehrere Stellen verteilt oder zusammengeführt und so effektiver gestaltet werden. Ebenso ist die Einbindung von externen Leistungsnehmern möglich (Lenz 2001, S. 56).

Als e-Assistance-Anwendung ermöglicht das Intra- und Internet kürzere Bearbeitungszeiten durch interne Information und Interaktion. Im Bereich der e-Administration gibt es zahlreiche praxistaugliche Transaktionsmöglichkeiten: Bei der Beantragung eines Ausweises sind mehrere Verwaltungskörperschaften und die Bundesdruckerei beteiligt. Dort werden täglich 60.000 Personalausweise sowie 30.000 Führerscheine gedruckt. Mit einem digitalen Antragsverfahren werden per Scanner das

Passbild sowie die Unterschrift erfasst und per Internet übertragen. Bei Pilotversuchen konnten erhebliche Kosten durch den Wegfall für Porto- und Archivierung eingespart werden. Überdies verkürzte sich die Erstellungszeit um eine Woche (o.V. 2002a, S. 8). Über diese Schnittstelle sind weitere Vernetzungsmöglichkeiten, z.B. mit dem TÜV zur Erstellung von Führerscheinen, gegeben. Bei einem weiteren Projekt des Bundesverwaltungsamtes werden bereits in der Poststelle eingehende Unterlagen eingescannt und elektronisch an die Sachbearbeiter gesandt. Dieses Lösen der Akten vom Trägermedium Papier erleichtert das Weiterleiten und Archivieren. Das Verfahren wird bereits bei der Beantragung von BaföG-Anträgen eingesetzt und ermöglicht eine erhebliche Beschleunigung der Prozesse (Lenz 2001, S. 54-55).

4.4 Überblick

Abbildung 5 stellt einen Gesamtüberblick über die Beziehungen dar.

		e-Assistance	e-Administration	e-Democracy
G2C	Information	• Öffnungszeiten • Ansprechpartner • Fremdenverkehrsinfo • Ausländerinfo: „Moving to Germany"	• Downloads v. Formularen	• Info über Gesetzesvorhaben
	Interaktion	• Suchmasken • Anfragen e-Mails • Moderierte Chatforen zu Aktuellem	• Benachrichtigung der Behörde (z.B. Pass abgelaufen)	• Moderierte Chatforen zum Gesetzgebungsprozess • Petitionen an Abgeordnete
	Transaktion		• Anträge (z.B. BaföG, KFZ-Kennz.) • Online-Steuererklärung • Verfolgung d. Bearbeitungsstands • Einspruch gegen Verwaltungsakt	• e-Voting / Wahl online
G2B	Information	• Standortinformation • Investitionsmöglichkeiten • Investitionszuschüsse	• Downloads v. Formularen	
	Interaktion	• Suchmaske • Anfragen e-Mails • Eingabe Stellenanzeige Jobcenter	• Benachrichtigungen der Behörde (z.B. Unterlagen nachreichen)	
	Transaktion		• Online-Steuererklärung • e-Procurement/ e-Sourcing: Online-Beschaffung und digitale Ausschreibung v. Aufträgen mittels G2B-Plattformen und Auktionen	
G2G	Information	• Ansprechpartner • Variabler Informationsbedarf	• Downloads v. internen Formularen	
	Interaktion	• Intranet: interne Kommunikation	• Redaktionssystem (z.B. für in Bearbeitung befindliche Gesetzesvorhaben)	
	Transaktion		• Weiterreichen interner Bearbeitungsvorgänge aller Art (z.B.: Übermitteln von Information an Bundesdruckerei)	• e-Voting für interne Verwaltungsangelegenheiten (z.B.: Personalratswahl Verwaltung)

Abbildung 5: e-Government-Leistungen im Überblick
Quelle: Eigene Darstellung

5 Erstellungsprozess und Anforderungen

5.1 Digitalisierungsprozess von Verwaltungsleistungen

Um hohe Bürgerzufriedenheit zu erreichen, müssen eine dementsprechende Service-qualität, geringe Prozesskosten und eine schnelle Durchlaufzeit der online gestellten Verwaltungsleistungen angestrebt werden. Probleme wie Medienbrüche, Bearbeiter-wechsel, Doppelarbeiten und Wartezeiten kommen häufig bei historisch gewachsenen Prozessen vor und können durch richtige Prozessoptimierung verhindert werden.

Für die Gestaltung von e-Government-Prozessen bedient man sich ähnlicher Optimie-rungs- und Modellierungsprozesse wie im e-Business. Auch hier steht eine klare Ziel- und Strategiedefinition am Anfang, in der ein klarer Zeitplan, Kennzahlen und Budgets festgesetzt werden. Bei BundOnline2005 wurden 355 Dienstleistungen identifiziert, für die ein fester Umsetzungszeitplan mit Finanzbedarfsschätzung aufgestellt wurde. In den nächsten Schritten wurden die relevanten Verwaltungsprozesse identifiziert und alle nötigen Informationen, besonders hinsichtlich der Abdeckung der Interaktionsstu-fen, gesammelt. Bei den 355 identifizierten Dienstleistungen handelt es sich etwa zu einem Drittel um Informationsangebote, welche vorrangig eine Einwegkommunikation darstellen, aber über eine statische Darstellung hinausgehen können. Weitere Dienst-leistungen umfassten komplexere Aufgaben (o.V. 2001b, S. 13).

Beim nächsten Schritt zur Digitalisierung der Verwaltungsleistungen wurden die Pro-zesse abgebildet und analysiert. Eine zentrale Bedeutung kommt dabei der Optimie-rung der Geschäftsprozesse zu. Im Rahmen der Bestrebungen zu BundOnline wurde eine Neustrukturierung der Verwaltungsabläufe zu mehr Effizienz angestrebt (o.V 2001a, S. 13-14).

Im Gegensatz zu e-Business-Prozessen liegen die Besonderheiten der Verwaltungsleis-tungen in ihrer Vielfalt und ihrer Struktur. Dies stellt die Herausforderung für die Imp-lementierung dar. Man errechnete, dass 73% der Verwaltungsprozesse des Bundes Dienstleistungsprozesse wie Bereitstellen von Informationen, Bearbeiten von Anträgen und Abwicklung von Förderungen umfassen. Hierbei konnten acht Prozessgrundtypen identifiziert werden[5]. Durch Simulation der Teilprozesse und die Umsetzung der identi-fizierten Verbesserungen konnten zentrale Basisprozesskomponenten entwickelt wer-den, die sich für eine Implementierung einzelner, dezentraler, verwaltungsspezifischer e-Government-Prozesse nutzen lassen (o.V. 2001a, S. 13-14).

---

[5] Vgl. o.V. (2001a), S.19: Die Prozesstypen umfassen allgemeine Fachinformationen, Beratung, Vorbereiten von politischen Entscheidungen bzw. Gesetzesvorhaben, Zusammenarbeit mit Behörden, allgemeine An-tragsverfahren, Förderungen, Beschaffungsvorhaben und das Durchführen von Aufsichtsmaßnahmen.

Im Implementierungszeitrahmen ging man schrittweise vor und begann mit der Bereitstellung von Informationsleistungen. Danach folgen Kommunikations- und Transaktionsleistungen. Dies hängt sowohl mit der Komplexität und den steigenden technischen Anforderungen zusammen, als auch mit dem zunehmenden Zeitaufwand für eine Umstellung der internen Verwaltungsprozesse (Booz Allen Hamilton 2002, S. 25). Bis April 2003 konnten 188 Verwaltungsdienstleistungen, größtenteils im Bereich der Erfassung, Aufbereitung und Bereitstellung von Informationen, realisiert werden (o.V. 2003b).

5.2 Technische Anforderungen

Technische Anforderungen zielen bei e-Government-Anwendungen vor allem darauf ab, eine Medienunabhängigkeit sicherstellen. Hinsichtlich einer breiten Akzeptanz und des Bedienkomforts soll ausgeschlossen werden, dass die Benutzer spezifische Software (Plugins) installieren müssen und damit Zugangshindernisse zum e-Government-Angebot bestehen. Durch so genanntes „Cross-Media-Publishing" soll eine Plattformunabhängigkeit erreicht und unterschiedliche Standards von Browsern, Handys (SMS-Format) oder Organizern (PDA-Format) bedient werden können. Die bereitzustellenden Daten werden dabei unabhängig vom Zielmedium in Datenbanken und Dateien gelagert und je nach dem erforderlichen Präsentationslayout zusammengestellt (Herweg 2001, S. 78).

Für offizielle Institutionen sind ein einheitliches Erscheinungsbild und eine Wahrung des Originallayouts für Formulardokumente von hoher Bedeutung. So ist die Darstellung einer Internetseite im HTML-Format vom Typ des Browsers abhängig. SAGA-Standards geben deshalb obligatorische Weisungen und Empfehlungen zur einheitlichen Implementierung von e-Governmnent-Anwendungen. Diesbezüglich schreiben grundsätzliche Weisungen die Verwendung des ASCII Formats für einfache Texte, den HTML 4.01 Standard für Internetseiten sowie die Verwendung von Stylesheets des Typs CCS2 für Formatvorlagen vor. Wenn Dokumente mit komplizierten Layouts übertragen werden, soll auf das PDF-Format zurückgegriffen werden. Ebenso sind der zip20-Standard für die Übertragung gepackter Dateien obligatorisch festgelegt, JPEG- und GIF- Formate sind für Bilddateien vorgeschrieben sowie die MPEG1 und die MPEG3-Normen zur Übertragung von Audio und Video (o.V. 2003a, S. 30-36). Die meisten dieser Vorgaben haben sich bereits auch als universeller Standard in der Webseiten-Entwicklung durchgesetzt.

Hinsichtlich einer hohen Alterungsgeschwindigkeit der Informationen bietet sich eine dynamische Bereitstellung der Inhalte im DHTML mit auf die Seite eingebauten Java-Applets und einer CGI-Technik an, für die ebenso weitere Spezifikationen festge-

schrieben sind (Herweg 2001, S. 81). SAGA umfasst ebenso Standards zur sicheren Datenübertragung im SSL-Modus sowie zur „barrierefreien Darstellung" für Sehbehinderte[6]. Besondere Bedeutung kommt der der Bindung an den XML-Standard für den einheitlichen Datenaustausch unter den verwaltungstechnisch relevanten Informationssystemen den zu. Damit soll ein reibungsloser Austausch unter allen Anwendungen, so genannte Interoperabilität, gewährleistet werden (o.V. 2003a, S. 42-43).

5.3 Anforderungen an die Präsentation

„Ziel für alle Anwendungsarten ist es, die Schnittstelle zum Nutzer so einfach wie möglich zu gestalten. Ihm soll in seinem Anliegen schnell, mit möglichst nur einem Kontakt zur Verwaltungsstelle geholfen werden" (Booz Allen Hamilton 2002, S. 25)

Hierzu wird das Konzept des „One-Stop-Shopping" aus dem e-Commerce herangezogen. Es wird angestrebt, dass der Benutzer seine Anfrage oder seinen Antrag bei einer Stelle abgeben kann, ohne sich um die weitere Vermittlung kümmern zu müssen. Grundlegend für dieses Prinzip ist die Aufteilung in ein Front-Office, das über verschiedenen Kommunikationsformen (Internet, Telefon, Fax) erreichbar ist und einheitlichen Kundenkontakt ermöglicht („One Face to the Customer"). Ein Back-Office ist, ähnlich wie bei einer CRM-Lösung, für den eigentlichen Bearbeitungsprozess zuständig. Der Vorgang wird, ähnlich wie das CRM, als CitRM oder „Citizen Relationship Management" bezeichnet (Booz Allen Hamilton 2002, S. 26 u. 89).

Im Ideal sollte eine Leistung in zwei bis drei Mausklicks gefunden werden. Dies gilt auch für das stark differenzierte öffentliche Leistungsangebot. Für die Schnittstelle zum Bürger wird deshalb auf das so genannte „Lebenslagenkonzept" zurückgegriffen, bei dem sich die Präsentation „nicht an den internen Leistungsstrukturen, sondern an den Bedürfnissen der Bürger orientiert" (o.V. 2000a, S. 20). Abbildung 6 zeigt, wie der Bürger aus der Lebenslage „Hochzeit" sein gewünschtes Angebot findet. Im Beispiel www.baynet.de werden gleichzeitig externe Links zu kommunalen Gewerbebetrieben bereitgestellt. Ähnlich können Leistungsangebote in Geschäftsepisoden für G2B-Prozesse erfolgen, wie z.B. „Unternehmensgründung", „Steuern" oder „Gründung von Niederlassungen" (Booz Allen Hamilton 2002, S. 27).

Insgesamt stellt die konsequente Umsetzung dieses Lebenslagenprinzips eine überaus anspruchsvolle Aufgabe dar, weil eine Vernetzung verschiedener Institutionen samt Verwaltungsebenen und gleichzeitig eine Vermeidung von Medienbrüchen erzielt werden muss. Bisher umgesetzte Lösungen wie das Portal www.deutschland.de und

---

[6] Vgl. Lenz (2001), S. 132: Bei der barrierenfreien Darstellung geht es um die Verhinderung einer digitalen Spaltung. Beispielsweise können durch die Berücksichtigung von Rot-Grün-Blinden die Grafiken dement-

www.bund.de gehen haben daher eher noch den Charakter eines redaktionell aufbereiteten Internetkataloges, bei dem kein Datenaustausch der Seiten untereinander erfolgt, sondern nur auf nachfolgende Angebote wie www.baynet.de, weiterleitet wird. Mit der technischen Weiterentwicklung und dem zunehmenden Interaktions- und Transaktionscharakter der Verwaltungsleistungen soll auch die Interoperabilität dieser Portale zunehmen: Daten werden ohne Medienbrüche und Schnittstellenprobleme unter den Angeboten übermittelt und weiterverarbeitet.

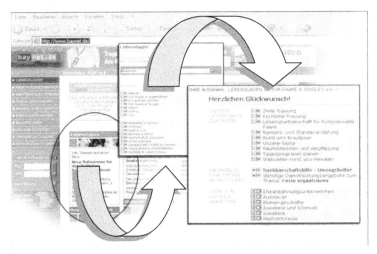

Abbildung 6: Lebenslagenkonzept am Beispiel von www.baynet.de
Quelle: Eigene Darstellung

Genauso wie im e-Commerce sollte für die Verwaltung gelten: „Ein frustrierter Surfer ist auch hier ein verlorener Kunde" (Booz Allen Hamilton 2002, S. 97). Zwar steht die öffentliche Verwaltung in keinem Konkurrenzverhältnis, sie besitzt aber doch eine Erbringungspflicht. Je weniger Internetbenutzer für die öffentliche Internetleistung gewonnen werden können, desto mehr herkömmliche Verwaltungsstrukturen müssen für die Zukunft bereitgehalten werden. Dabei veranschlagt die Verwaltung herkömmliche Bearbeitungskosten auf 7 Euro, während für die elektronische Abwicklung nur 20 Cent veranschlagt werden müssen (Booz Allen Hamilton 2002, S. 97).

5.4 Rechtliche und Sicherheitsanforderungen

E-Government-Transaktionen werden nur dann Akzeptanz finden, wenn sichergestellt ist, dass die Integrität (Schutz vor Manipulation), Authentizität (Schutz vor gefälschter

sprechend gestaltet werden oder durch zur Bereitstellung einer Volltext-Version der Zugang erhöht werden.

Herkunft), Vertraulichkeit (Schutz vor unbefugter Kenntnisnahme) und Verfügbarkeit (Schutz vor Ausfall der IT-Systeme) gewährleistet ist (o.V. 2002a, S. 12). Schon eine durch Hacker veröffentlichte Steuererklärung könnte großen Imageschaden verursachen und das Benutzervertrauen langfristig schädigen.[7] Ebenso ist nach der klassischen Rechtssprechung des § 126 BGB die handschriftliche Unterschrift vorgeschriebenes Mittel der Authentifizierung in Schriftform. Da elektronische Dokumente keine Urkunden darstellen entsteht ein rechtliches Hemmnis für die Distribution öffentlicher Dienstleistungen über das Internet (Herweg 2001, S. 280).

Transaktionen die mit einer normalen e-Mail durchgeführt werden, sind rechtlich nicht eindeutig und daher unsicher, weil die Daten bei ihrer Übertragung über verschiedene Server praktisch ungeschützt sind und gelesen und verändert werden können. Die Integrität sowie die Authentizität von e-Government-Anwendungen können durch eine digitale Signatur erreicht werden.

1997 wurde in internationaler Vorreiterschaft von Deutschland das Signaturgesetz (SigG) erlassen, welches erste Rahmenbedingungen für die Rechtsverbindlichkeit definierte. Mit der Umsetzung einer EU-Richtline wurde es im Mai 2001 abgelöst. Danach wurden weitere Gesetze, spezielle Rechtsvorgänge und Verwaltungsvorschriften geändert und darin neben der Schriftform auch elektronische Formen zugelassen. So wurde das Bürgerliche Gesetzbuch diesbezüglich mit § 126a erweitert und eine elektronische Form zugelassen, die mit einer „qualifizierten Signatur nach dem Signaturgesetz" zu versehen ist, welche sowohl mit dem Wortlaut als auch mit dem Namen des Autors in Zusammenhang steht (o.V. 2003f).

Das Signaturgesetz schreibt als De-facto-Standard eine digitale Signatur nach dem asymmetrischen Verschlüsselungsverfahren vor. Das Verfahren basiert auf einem privaten, vom Autor geheim gehaltenen Schlüssel (Private Key) und einem der Öffentlichkeit vorliegenden Schlüssel (Public Key). Dabei wird aus dem zu versendenden elektronischen Dokument ein so genannter Hash-Wert komprimiert, der mit dem privaten Schlüssel des Autors codiert wird. Dieser Wert wird an das Dokument angefügt und mit dem öffentlichen Schlüssel versendet. Der Empfänger kann damit den verschlüsselten Hash-Wert entschlüsseln und mit dem originalen Hash-Wert des Dokuments vergleichen. Stimmen beide Werte überein, wurde das Dokument während des Versendens nicht manipuliert (Lenz 2001, S. 124).

Damit ist die Urheberschaft der Signatur aber noch nicht eindeutig. Um sich vor der Verbreitung gefälschter, öffentlicher Schlüssel zu schützen, werden so genannte „Trust

---

[7] Vgl. Lenz (2001), S. 63: Beim Start der elektronischen Steuererklärung herrschte eine Sicherheitslücke beim Herunterladen der Formulare. Hacker hätten ein manipuliertes Formular oder Programm auf den Server laden können, welches die Daten an eine andere statt der offiziellen Stelle hätte übertragen können.

Center" authentifiziert. Dabei handelt es sich um vertrauenswürdige Stellen, die online den öffentlichen Schlüssel einer bestimmten Person als zu ihr zugehörig zertifizieren (Herweg 2001, S.64).

Zur Wahrung der Vertraulichkeit der Kommunikation muss außerdem ein sicheres Übertragungsprotokoll mit einem 128-bit-Schlüssel, dem derzeit höchsten Sicherheitsstandard, eingesetzt werden. Hierfür haben sich das SSL-Verfahren und der HTTPS-Modus weitgehend durchgesetzt. Dabei wird eine Verbindung zwischen dem Benutzer und dem WWW-Server aufgebaut, bei der eine Verschlüsselung nur für die jeweilige Verbindung aufrecht erhalten wird (Herweg 2001, S. 64).

Zwingend für die flächendeckende Anwendung von e-Government ist damit die Einführung einer digitalen Signatur. Bis zum Ende des Jahres 2003 werden in der Bundesverwaltung digitale Dienstausweise mit einer digitalen Signatur sowie Kartenlesegeräte eingeführt, mit denen elektronische Dokumente rechtsverbindlich unterzeichnet werden können (Kolbe 2001). Damit sind die verwaltungstechnischen und rechtlichen Grundlagen gegeben, um die digitale Signatur auch flächendeckend bei den Bürgern einzuführen.

6 Erfolgsfaktoren

Damit eine moderne Verwaltung geschaffen wird, „die mehr leistet und weniger kostet" (Bundesinnenminister Otto Schilly, zitiert nach Renner 2002) und eine stärkere Kundenorientierung der Verwaltung vom „Vater Staat zum Partner Staat" (20001a, S. 10) entstehen kann, bedarf es der breiten Akzeptanz aller externen und internen Benutzer von e-Government-Anwendungen.

6.1 Kompatibilität und einheitliche Umsetzung

Aufgrund der föderativen Struktur in der Bundesrepublik herrscht eine Vielzahl an Behörden. Dabei besteht die Gefahr, dass viele uneinheitliche Insellösungen entwickelt werden, die schwer in ein „One-Stop-Shop"-Prinzip zu integrieren sind. Meist sind solche Lösungen teuer in der Realisation, weil Software spezifisch angepasst werden muss und nicht auf die Bedürfnisse der Verwaltung zugeschnitten ist (Müller, Bernd 2001).

Zusätzlich kann ein Zeitverzug bei der Einführung einheitlicher Standards oder das Abwarten auf Pionierlösungen dezentrale Insellösungen weiter begünstigen. Um notwendige Maßnahmen zügig umzusetzen und die „einmalige Gelegenheit" für die Vereinfachung der Verwaltungsprozesse und für den Bürokratieabbau zu nutzen wird die

Einrichtung von Sonderbeauftragten auf allen Ebenen der Verwaltung angeregt (2002d und 2002e, S. 2).

In Hinblick auf Finanzknappheit des öffentlichen Sektors und drohender Haushaltssperren droht „eine Ruinenlandschaft begonnener aber nicht zu Ende gebrachter E-Government-Projekte" (2002d). Jedoch hat auch die Wirtschaft ein großes Interesse an Einsparungen durch e-Government. In eine Kooperation der öffentlichen Hand mit der Wirtschaft, einer so genannten „Public-Private-Partnership" werden Kosten und Nutzen gemeinsam getragen. Beispiele aus kommunaler und Landesebene zeigen positive Resultate (Lenz 2001, S. 65 f.). Für die Bundesebene bietet der Wirtschaftsverband BITKOM eine solche Kooperation zur Bildung einer zentralen e-Government-Agentur an. In gemeinsamer Trägerschaft soll sie die Koordination erleichtern, flächendeckende Lösungen und den Transfer von Know-How erleichtern (2002e, S. 1).

Ebenso kann eine kommunen- und länderübergreifende Kooperation nicht ortsgebundene Verwaltungsleistungen zentralisieren und rationalisieren. Mit der Übertragung bestimmter Verwaltungsaufgaben auf einzelne Behörden und der Aufgabenspezialisierung können weitere Kooperationsgewinne erzielt werden (2002e, S. 3): „Eines Tages wickelt Bremen vielleicht das digitale Standesamt für ganz Deutschland ab, Stuttgart übernimmt KFZ-Anmeldungen und so weiter" (Müller 2001).

6.2 Change Management

Erfolgreiches e-Government erfordert ein neues Selbstverständnis hinsichtlich der Leistungserstellung (Booz Allen Hamilton 2002, S. 13) sowie eine gemeinsame Neustrukturierung der internen Abläufe. Damit hat e-Government tief greifende Veränderungen in der Verwaltung zur Folge. „Dies setzt ein hohes Maß an Flexibilität und Reformbereitschaft bei allen Beteiligten – der staatlichen Verwaltung und ihren Beschäftigten ... voraus" (o.V. 1999, S. 8).

Erfahrungen aus den USA zeigen, dass durch die Einführung von e-Government die Komplexität der Arbeitsabläufe gestiegen ist und teilweise Widerstand der Mitarbeiter hervorgerufen hat (2002b, S. 8). Ein „Konstruktiver Umgang mit Widerstand" im Rahmen des Change Management kann innere Widerstände (z.B. durch Unkenntnis oder Angst vor Veränderungen) bei den Verwaltungsmitarbeitern abbauen und die Akzeptanz der internen Anwender gewährleisten (Doppler/Lauterbach 2002, S. 323). Die Beschäftigten mit mangelnden Kenntnissen müssen in ausreichendem Maße Gelegenheit haben, sich für die neuen Techniken zu qualifizieren (Lenz 2001, S. 130). Ebenso können eine offene Gesprächskultur oder Workshops dazu beitragen, das Vertrauen der Mitarbeiter für die Verwaltungsmodernisierung zu gewinnen und die Identifikation mit den Modernisierungszielen zu fördern.

6.3 Attraktivität der Angebote

Maßgeblich für den Erfolg des e-Governments bei den Bürgern ist die Attraktivität der angebotenen Verwaltungsleistungen. Dabei belegte eine Studie, dass Stadtverwaltungen aum Informationen über die wirklichen Bürgerbedürfnisse besitzen oder dahingehend Markforschung betreiben (o.V. 2000a, S. 12).

Dem Setzen von Prioritäten und der Konzentration des Leistungsspektrums nach Nutzen und Machbarkeit kommt erfolgskritische Relevanz zu. Dies ist einerseits hinsichtlich begrenzter Finanzbudgets vonnöten, andererseits, weil die vom Bürger gewünschten und stark nachgefragten Leistungen stärker zur Akzeptanz von e-Government und damit zu Kosteneinsparungen beitragen. Als wichtiges Einflusskriterium wird die Häufigkeit der Inanspruchnahme angeführt, die sich mit dem Grad der Ausgestaltung der Leistung und ihrem Erklärungsbedarf einschränkend auf die Implementierung von e-Government Lösungen auswirken können (Herweg 2001, S. 53-54). „Jede Verwaltungseinheit muss für sich (...) beurteilen, welche Elemente von E-Government zu welchem Zeitpunkt realisiert werden sollen. Findet ein Angebot kein Interesse bei den Bürgern, gefährdet die Behörde die Akzeptanz ihres gesamten E-Government-Programms." (Booz Allen Hamilton 2002, S. 90)

Abbildung 7: Attraktivität ausgewählter e-Government Leistungen
Quelle: Wagner 2002, S. 68.

Abbildung 7 zeigt, wie attraktiv einzelne Verwaltungsleistungen von Bürgern bewertet wurden. Der Nutzen der Angebote, die alle Bürger betreffen, wie das Anmelden eines Autos online, wird entsprechend höher bewertet als die Anmeldung eines Hundes (Wagner 2002, S. 68). Entsprechend ihrer finanziellen und technischen Machbarkeit sollten die gefragtesten Angebote zuerst umgesetzt werden.

„E-Government kann sich nur durchsetzen, wenn auf Bürgerseite Gewinnsituationen geschaffen werden" (o.V. 2002a, S. 12). Praxiserfahrungen bestätigen, dass „die Digitalisierung von Verwaltungsprozessen weniger eine technologische als vielmehr eine soziale und kommunikative Herausforderung ist" (2002e, S. 5). Berührungsängsten durch den fehlenden Umgang mit neuen Medien kann durch verstärkte Schulungsangebote und durch die Entwicklung öffentlich zugänglicher Internetstationen, z.B. in öffentlichen Gebäuden, begegnet werden (2002e, S. 5). Ebenso kann durch finanzielle Anreize die Akzeptanz von e-Government gefördert werden, wie durch eine Steuergutschrift bei Einreichung einer Online-Steuererklärung (Epinay 2002, 26). Ersparnisse werden teilweise an den Bürger zurückgegeben und sorgen für Vorteile auf beiden Seiten und begünstigen die gesellschaftliche Akzeptanz von e-Government.

7 Internationaler Vergleich

Laut der aktuellen Studie des Marktforschungsinstituts TNS-Emnid hat die Nutzung von e-Government-Angeboten von 7 % auf 24 % zugenommen. Im Vergleich mit 30 Ländern fällt Deutschland dagegen von Platz 13 auf Platz 18 zurück. Die besten Nutzungsergebnisse wiesen dagegen skandinavische Länder, wie Norwegen, Dänemark und Finnland, aber auch Singapur auf. In diesen Ländern sind die Nutzungsraten doppelt so hoch wie in Deutschland (o.V.2003c, S. 18).

Ein wichtiges Ergebnis der Studie ist, dass gerade in Deutschland eine große Skepsis hinsichtlich der Datensicherheit besteht: 82% der Befragten halten die Übermittlung persönlicher Daten bei Online-Verwaltungstransaktionen für unsicher (o.V. 2003d, S. 26). Auch in Finnland und Singapur herrscht Skepsis, hier wird aber die Sicherheit von e-Government Transaktionen deutlich höher eingeschätzt (o.V.2003c, S. 44).

In diesen Ländern ist bereits eine digitale Signatur Standard oder, wie in Finnland, in Form eines Computerchips in den Personalausweis integriert. Während deutsche Firmen, als Weltmarktführer diese Chiptechnologie erfolgreich an jene Länder exportieren, (o.V. 2002c), kommen Bemühungen für eine digitale Signaturkarte in Deutschland nur schleppend voran oder scheitern bereits im kommunalen Modellversuch (Krempl, 2003, S. 90). Unterdessen haben auch andere Länder wie Italien oder Estland die Bürgerkarte entdeckt und stellen derzeit in großem Stil auf den digitalen Personalausweis um (Krempl, 2003, S. 90).

Zahlreiche „Best-Pracitce-Beispiele" im Bereich e-Government sind in Nordamerika zu finden. So ist im G2B-Bereich Kanadas Handelsplattform www.merx.com hervorzuheben. Hier treffen Angebot und Nachfrage von 40.000 privaten und öffentlichen Markt-

teilnehmern zusammen (Lenz 2001, S. 60). Ebenso findet dort sowie in den Vereinigten Staaten die Online-Steuererklärung flächendeckenden Einsatz und bringt nachweisbare Effizienzsteigerungen und Kosteneinsparungen (2002b, S. 8). Ob es das Kaufen einer Fisch- und Jagdlizenz, das Verlängern des Ausweises oder das Bezahlen eines Strafzettels ist: Im „Geburtsland des Internet" sind bereits zahllose kleine Transaktionen auf dem elektronischen Weg zum festen Bestandteil des Alltags geworden (o.V. 2000b).

8 Zusammenfassung und Ausblick

Diese Arbeit konnte einen Überblick über e-Government in Deutschland geben und zeigen, welche elektronischen Leistungen für Bürger, Unternehmen und Verwaltung möglich sind. Anhand von Praxisbeispielen wurden Stufen des Erstellungsprozesses aufgezeigt, technische Standards umrissen, die integrierte ganzheitliche Leistungspräsentation dargestellt sowie Sicherheitsstandards erklärt. Es wurde deutlich, dass zahlreiche technische Herausforderungen bewältigt werden müssen, aber auch Akzeptanz der Benutzer durch kompatible Anwendungen, dem Abbau von Widerständen und die Bereitstellung von attraktiven Angeboten erfolgskritische Relevanz zukommt.

Electronic-Government fördert Effizienz und Transparenz von Verwaltungsprozessen, stellt einen wirtschaftlichen Standortfaktor dar und kann die direkte Demokratie fördern. Damit hat es eine gesellschaftliche Dimension. Auch angesichts knapper Kassen ist die digitale Verwaltung kein hochgestecktes Ziel, sondern eine Notwendigkeit: Durch innovative Kosteneinsparungen wird eine Modernisierungsdividende erwirtschaftet, die wiederum zur Förderung des Internet dient, Impulse für das e-Commerce aussendet und nicht zuletzt einer digitalen Spaltung der Gesellschaft in „Onliner" und „Nonliner" entgegenwirkt.

Nach dem Signatur-Gesetz von 1997 blieben praktische Akzente aus. Gerade eine Bürgerkarte würde mit der digitalen Signatur die Grundvoraussetzungen für ein umfassendes e-Government für alle schaffen. Im April 2003 ist noch immer nicht geklärt, wie genau und wann die digitale Bürgerkarte endlich kommt. Doch trotz berechtigter Kritik ist Deutschland in einer guten Position und kann sich auf hohem Niveau vergleichen. International gibt es sicher viele vorbildliche Projekte. Doch angesichts eines enormen Integrationsaufwands gibt es weltweit kaum eine Verwaltung, die nicht vor der „Herausforderung e-Government" steht. Auch hinsichtlich der Akzeptanz und dem langfristigen Vertrauen der Bürger geht es weniger um Monate, sondern vielmehr um konsequente, sichere und nachhaltige e-Government-Konzepte.

LITERATURVERZEICHNIS

Arndt Hans-W./Rudolf, Walter (1992): Öffentliches Recht , 9.Aufl., München.

Booz Allen Hamilton (2002): E-Government und der Moderne Staat, Frankfurt am Main.

Gates, Bill (1999): Digitales Business – Wettbewerb im Informationszeitalter, München.

Herweg, Volker (2001): E-Government: Distribution von Leistungen öffentlicher Institutionen über das Internet , Dissertation, Lohmar.

Epinay, Maya Lalive d' (2002): Im Fadenkreuz von eGovernment und eGovernance – Staat und Gesellschaft vor neuen Herausforderungen, in: Spahni, Dieter (Hrsg.) (2002): eGovernment2 - Perspektiven und Prognosen, Stuttgart.

Frewel, Johannes (2003): Aus 500 Seiten wurden zwölf Milliarden, elektronisch veröffentlicht unter der URL: http://www.heute.t-online.de/ZDFheute/artikel /5/0,1367, COMP-0-20-43589,00.html, abgerufen am 30.04.2003.

Kolbe, Martin (2001): Was ist eine digitale Signatur?, elektronisch veröffentlicht unter der URL: http://www.heute.t-online.de/ZDFheute/artikel/220,0,1367,COMP-0-4022,FF.html, abgerufen am 01.05.2003.

Krempl, Stefan (2003): Spezial: Digitale Signatur, in: Wirtschaftswoche Nr. 10 vom 27.03.2003, S.90.

Lenz, Thilo (2001): E-Government und E-Nonprofit: Management von Internetprojekten in Verwaltung und Nonprofit-Organisationen, Stuttgart.

Mayer, O. (1924): Deutsches Verwaltungsrecht, Bd. 1, Leipzig.

Müller, Bernd (2001): Deutsche Ämter drängen ins Internet – leider meist ohne ein gutes Konzept. In: Wirtschaftswoche, Nr. 11 vom 08.03.2001, elektronisch veröffentlicht unter der URL: http://www.genios.de/cgi-bin/websearch, abgerufen am 10.04.2003.

o.V. (1999): Moderner Staat – Moderne Verwaltung, Kabinettsbeschluss der Bundesregierung vom 1. Dezember 1999, Broschüre herausgegeben vom Bundesministerium des Innern.

o.V. (2000a): Die Zukunft heißt E-Government – Deutschlands Städte auf dem Weg zur virtuellen Verwaltung. Studie von PriceWaterhouseCoopers mit dem Deutschen

Städte- und Gemeindebund, elektronisch veröffentlicht unter der URL: http//www.pwcglobal.com/de/ger/ins-sol/publ/ger_510_034.pdf, abgerufen am 01.05.2003.

o.V. (2000b): Click here to pay your Parking Ticket, in BusinessWeek Nr. 3664, 17.01.2000, elektronisch veröffentlicht unter URL: http://www.genios.de/cgi-bin/websearch, abgerufen am 30.04.2003.

o.V. (2001a): BundOnline 2005 – eGovernment für eine moderne Verwaltung, Broschüre des Bundesministeriums des Innern, Stabsstelle Moderner Staat - Moderne Verwaltung.

o.V. (2001b): BundOnline 2005 – Umsetzungsplan für die eGovernment-Initiative, Dokumentation des Bundesministeriums des Innern, Stabsstelle Moderner Staat - Moderne Verwaltung, Stand 12/2001.

o.V. (2002a): E-Government – Leitfaden für die Pilotphase 2002-2004. Broschüre des Innenministeriums Niedersachsen, 03/2002.

o.V. (2002b): Balanced E-Government – Elektronisches Regieren zwischen administrativer Effizienz und bürgernaher Demokratie, Studie der Bertelsmann Stiftung in Kooperation mit Booz Allen Hamilton, elektronisch veröffentlicht unter URL: http//www.bertelsmann-stiftung.de, abgerufen am 24.04.2003.

o.V. (2002c): Bitkom fordert Masterplan E-Government für ganz Deutschland, Presseerklärung des Bundesverbands für Informationswirtschaft, Telekommunikation und Neue Medien (Bitkom), elektronisch veröffentlicht unter URL: http//www.bitkom.org, abgerufen am 30.04.2003.

o.V. (2002d): Haushaltssperren der Länder gefährden E-Government-Projekte, Presseerklärung des Bundesverbands für Informationswirtschaft, Telekommunikation und Neue Medien (Bitkom), elektronisch veröffentlicht unter URL: http//www.bitkom.org, abgerufen am 30.04.2003.

o.V. (2002e): Masterplan E-Government des Bundesverbands für Informationswirtschaft, Telekommunikation und Neue Medien (Bitkom), elektronisch veröffentlicht unter URL: http//www.bitkom.org, abgerufen am 30.04.2003.

o.V. (2003a): SAGA - Standards und Architekturen für eGovernment-Anwendungen, Version 1.1., Dokumentation der Koordinierungs- und Beratungsstelle für Informationstechnik des Bundesministerium des Innern, Band 56, 2003, elektronisch veröffent-

lich und abgerufen unter der URL: http://www.kbst.bund.de/saga, abgerufen am 10.04.2003.

o.V. (2003b): www.bund.de - Realisierte Dienstleistungen, Elektronisch veröffentlicht unter der URL: http://www.bund.de/BundOnline-2005/Fortschrittsanzeiger/Dienst-leistungen-im-Ueberblick-.7022.htm, abgerufen am 25.04.2003.

o.V. (2003c): Government Online 2002 – an international perspective. internationale Vergleichsstudie der Marktforschungsgruppe TNS-Emnid. elektronisch veröffentlicht unter der URL: http://www.emnid.tnsofres.com/presse/p-2002_11_07.html, abgerufen am 03.05.2003.

o.V. (2003d): Government Online 2002 – a national perspective: Germany, Vergleichs-studie der Marktforschungsgruppe TNS-Emnid. elektronisch veröffentlicht unter der URL: http://www.emnid.tnsofres.com/presse/p-2002_11_07.html, abgerufen am 03.05.2003.

o.V. (2003e): Staatsziele, Der Brockhaus Recht, Mannheim: F.A. Brockhaus 2003, elekt-ronisch veröffentlicht unter der URL: http://www.xipolis.de, abgerufen am 10. 04.2003.

o.V. (2003f): Bürgerliches Gesetzbuch § 126a - Elektronische Form, Elektronisch veröf-fentlicht unter der URL: http://www.check.tanto.de/perl/proxy/599760490/ abgeru-fen am 03.05.2003.

o.V. (2003g): Monitoring eGovernment 2002/2003, Jahrbuch des Frauenhofer eGovern-ment Zentrums, Berlin.

o.V (2003h): Bürgerservice der Stadt Ingolstadt, elektronisch veröffentlicht unter URL: http://www.ingolstadt.de/soziales_buergerservice/bescheinigungen.htm abgerufen am 01.05.2003.

Pauckert, Wolfgang (2003): Der Weg ins Amt führt über die Maus – E-Government gehört die Zukunft, in: Die Welt 12.03.2003, S. „WR1".

Ramtum, Christian/Gräf, Peter Leo/Losse Bert (2002): Der öffentliche Dienst kommt unter Druck – Kommt es zur überfälligen Strukturreform?, in: Wirtschaftswoche Nr. 49 vom 28.11.2002, elektronisch veröffentlicht unter der URL: http://www.genios.de/cgi-bin/websearch, abgerufen am 10.04.2003.

Reichard, C. (1987): Betriebswirtschaftslehre der öffentlichen Verwaltungen, Berlin u.a.

Renner, Udo (2002): Fahrplan ins Virtuelle Amt, in: Kommune21, Ausgabe 2/2002, S. 12-13.

Rohleder, Bernhard (2003): Wege in die Informationsgesellschaft – Status quo und Perspektiven Deutschlands im internationalen Vergleich, Broschüre des Bundesverbands für Informationswirtschaft, Telekommunikation und Neue Medien (Bitkom), elektronisch veröffentlicht unter der URL: http://www.bitkom.org/Presse, abgerufen am 21.04.2003.

Schaffarczyk, Dietmar (2003): Hemmschuh Föderalismus, e-commerce magazin, Ausg. 3-4/2003, S. 32-34.

Traunmüller, Roland/Lenk, Klaus (2000): E-Government als ganzheitlicher Ansatz. in: Menzel, Thomas/Schweighofer, Erich (Hrsg): E-Commerce und E-Government – Aktuelle Fragestellungen der Rechtsinformatik, Wien, S. 69-78.

Wagner, Frank (2002): (N)Onliner-Atlas 2002 – Eine Untersuchung von TNS-Emnid, in Zusammenarbeit mit der Initiative D21, Berlin.